MEDITATIONS ON GEORGES DE LA TOUR

Paal-Helge Haugen

Meditations on Georges de La Tour

TRANSLATED BY ROGER GREENWALD

BookThug · 2013

FIRST ENGLISH EDITION

Original title: *Meditasjonar over Georges de La Tour*

Cover image: Detail from *L'Adoration des bergers* by Georges de La Tour, photograph by Michael Woods. Used with permission.

The following translations have appeared in journals:
XIX and XXXI in *The Norseman*
XIX, XXI, XXV, XXIX, and XXX in *Journal of Literature and Aesthetics*
XIX, XXI, XXV, XXIX, XXX, and XXXI in ELQ (*Exile: The Literary Quarterly*)

This translation has been published with the financial support of NORLA. The publisher gratefully acknowledges financial support from Vest-Agder County Council (fylkeskommune), Norway. The translator is grateful to The Royal Norwegian Embassy, Ottawa, for a travel grant. The author thanks the Norwegian Writers' Center for a promotional grant.

Library and Archives Canada Cataloguing in Publication

Haugen, Paal-Helge, 1945-
Meditations on Georges de La Tour / Paal-Helge Haugen ;
translated by Roger Greenwald.

Poems.
Translation of: Meditasjonar over Georges de La Tour.
ISBN 978-1-927040-63-8

I. Greenwald, Roger, [date]- II. Title.

PT9072.H384M4413 2013 839.82'174 C2013-901285-0

Printed in Canada

This translation is dedicated to
Francine Sterle

Contents

Introduction

Paal-Helge Haugen's *Meditasjonar over Georges de La Tour* (*Meditations on Georges de La Tour*) was published in Norwegian in 1990, won the Norwegian Critics' Prize, and was a finalist for the Nordic Council's Literature Prize. The book consists of a series of thirty-four poems that emerge from Haugen's long engagement with the work of the French painter.

The kinship between Haugen and La Tour can hardly be surprising to anyone familiar with Haugen's poetry and La Tour's paintings. Light in all its aspects, including its absence, is central to both bodies of work. Haugen describes in an afterword how he gradually found ways to explore the deep connection he felt to the paintings:

> The texts started as ekphrases, as descriptions of pictures in the classic sense. I soon realized that I had neither the wish nor the ability to "translate" La Tour's paintings. Language resisted. Gradually the descriptive texts permitted something else to slip through. It turned out that completely different texts lay underneath. The ekphrases are gone, but the link to La Tour is still there, as strong as before, perhaps stronger. These are meditations on his work, on the charged stillness, sorrow and celebration in the marriage of light and dark.

The poems achieve a marriage of Haugen's world of imagery and La Tour's iconography and atmosphere. Creating a dense web of substantives, Haugen evokes, juxtaposes, and alludes more than he states. The meditations rest on constant tensions between different centuries and belief systems, between different art forms, and between the different but allied sensibilities of the poet and the painter whose work he contemplates.

A Note on the Translation

This is the third book of poems by Paal-Helge Haugen that I have translated, so by now I have a firm sense of how he makes poems and of his stylistic preferences and priorities. But my familiarity with his work in no way reduces the need for and the value of his participation in the process of translation. At several stages he has elucidated the Norwegian text, explained his intentions, and given me detailed criticisms and occasional suggestions. His sensitivity to nuance in English and his own experience as a translator of poetry from English into Norwegian make him the ideal collaborator.

For helpful critiques based on careful readings of the translations against the Norwegian poems, I am grateful to Professor Frankie Shackelford of Augsburg College in Minneapolis and to Professor Øyvind Gulliksen of Telemark University College, Norway. Richard Lush has read two drafts of the English versions and given me the benefit of his keen eye and ear.

My aim has been to make poems that create meanings and effects as nearly equivalent as possible in English to those conveyed by the Norwegian poems. Pursuit of this goal has sometimes required slight departures from the line units, the syntax and morphology, or even the literal sense of the source text. Paal-Helge Haugen has concurred in these changes.

Roger Greenwald

MEDITASJONAR OVER GEORGES DE LA TOUR

~ ~ ~

MEDITATIONS ON GEORGES DE LA TOUR

I

(Dreielirespelaren)

Dei samanfuga dagane, ringmuren
Det verkelege reiser seg over deg
i ein brun vegg, svakt hellande
over herja hovud

Dei lukka augo, munnens lydhol
Neven som vrir fram lyden
av noko anna, ei slag meining
Hentar ut det som er utan namn
Ein rein tone riven laus
av skitne hender

Spele seg bort
frå kroppens fengsel
ein morter av minne
Svidde byar Flimrande lyst
Skuggar Visna barnekroppar
Eit kjerrelass død

Spele nåden ned over deg, over oss
Eit honninglys

til det garva skinnet ditt, til deg
denne sakte utfalda geografi
av sår og musikk

I

(The Hurdy-gurdy Player)

The interlocking days, the ring wall
The actual rises above you
as a brown wall, leaning
over a ravaged head

The closed eyes, the mouth's sound hole
The fist that wrings sound
from something other; a sort of meaning
Draws out what has no name
A pure note torn loose
by dirty hands

To play yourself out
of the body's prison
a pounded mortar of memories
Burnt cities Flickering desire
Shadows Withered bodies of children
A cartload of death

To play mercy down upon you, upon us
A honeyed light

for your tanned hide, for you
this slowly unfurled geography
of wounds and music

II

Sein sundagsettermiddag:
dette streif av ufortent lykke
som bryt seg ut av tida
med vengeslag   med dyreaugo
med eit elska andlet gjennom den store
stilla lagt til ro bak steinar
smeltande snø   barnerøyster
Sein sundagsettermiddag
nokre sekund

II

Late Sunday afternoon:
this gleam of unearned happiness
that breaks through time
with beating wings   with animal eyes
with a beloved face   through the great
stillness laid down behind stones
melting snow   children's voices
Late Sunday afternoon
a few seconds

III

Månelyset løyser seg opp
i lufta, bleiknar bort og inn
i ein spindelvevstynn draum

Ei gløymsle som kaldbrann
Ei uro som kviskrar
Tida som har krope inn i deg
og blitt kjøt

Det finst ei makt i tomrommet
Ei rørsle bak lukka dører
Ei siste, definitiv rørsle
som biar si tid

Nokon går gjennom dagen og samlar
i glaskrukker, forseglar og registrerer
løfter opp med pinsett, stikk nåler gjennom
tørkar ut, legg i formalin. Nokon stiller
preparat bort, på støvete hyller
i kjellarar, under dagen

Nokon freistar tolke desse restar
av meining, slepa over ei mørkna jord
Arkivaren for draumar og håp
Mismotets topograf

Her og der randmerknader, notat

III

The moonlight dissolves
in the air, fades away and into
a dream as thin as spidersilk

A forgetting like gangrene
An unease that whispers
Time that has crept inside you
and become flesh

There is a force in the vacuum
A motion behind closed doors
One last, definitive motion
that's biding its time

Some pass their days collecting
things in jars, seal them and keep records
lift with pincers, stick with pins
desiccate, immerse in formaldehyde. Some
store the specimens on dusty shelves
in cellars, underneath the day

Some try to interpret these remnants of
meaning dragged across a darkened earth
The archivist of dreams and prospects
Dejection's topographer

Here and there notations, glosses

flyktige tankar kasta ned
på kanten av natta
med billig blekk
og små bokstavar

Til oss som søv
slik vi alltid har gjort
med augnelokk tunge av uforstand
til vi kan hende vaknar opp ein gong
med andlet av bladgull

fleeting thoughts thrown down
in the margins of night
in cheap ink
and small letters

For us who sleep
as we always have
eyelids heavy with incomprehension
until we perhaps awaken one day
with faces of gold leaf

IV

Armod, dyreaugo
ventar på eit svar
bortanfor det utpinte

Eit fugleskjelett, skinande
avplukka, vaska reint
Ei bortkomen fløyte, langstrekt
musikk for hittebarn og fredlause

Vindens avtrykk mot andletet
eit svalt foranderleg bilete
ein gjenkjennelse som dreg forbi

Skulder ved skulder
skal vi møte skumringa
av herda stål

IV

Poverty, animal eyes
waiting for an answer
beyond depletion

A bird skeleton, shining
plucked bare, washed clean
A vanished flute, extended
music for foundlings and outlaws

The wind's imprint on the face
a cool and wavering image
a recognition that draws past

Shoulder nudging shoulder
we will enter a dusk
made of tempered steel

V

Midt i livet denne skog
midt i livet desse knurrande strupar
denne stammande sorg

Løfte opp spegelbrotet og sjå
vite at du er ufullførd
del av den alltid uferdige skapinga

Kjenne att det lamme dyret
den uklare forma, vrengbiletet
av det som kunne vore

Halde ut til biletet opnar seg
og slepper fram, inst inne
eit ørlite skin, eit dverglys

Bøye seg ned mot livet
la seg oppfylle av alt, nådelaust
bøye seg og sjå

Larve, broderkropp

Kjenne sjela att
i ei krypande form
frå kambrium

V

Midway through life this forest
midway through life these growling throats
this stammering sorrow

Hold up the shard of mirror
and know that you are incomplete
part of the always unfinished creation

Recognize the lame creature
the vague form, warped effigy
of what could have been

Endure until the image opens
and releases, from the deepest core
a tiny glimmer, a dwarf light

Bend down toward life
let yourself be filled by everything, mercilessly
bend and look

Maggot, brother body

Recognize the soul
in a form crawling out
of the Cambrian

VI

Mudderhimmel. Mordarhimmel.
Smal horisont, gult skjær.
Ei gyllen stille i tung brokade
fotsid, seremoniell
og utan nåde.
Eit lukka rom der nokon dreg linjene
i krigens grunnplan, snittar verden opp
med fjern presisjon.
Tomme ekkokorridorar, prakt og hunger,
falskmyntarar, hatets vokskabinett
grønt av elde, levande.
Eit sekel, langt borte
ei sky av sporar, sovande frø
som vinden spreier ut.

Eller en polsk bjørkeskog
der rekker av skittenkvite stammer står
i det uttrykkslause lyset, i tynt tåkeslør
som røyk, kastar skuggar inn over
den berrfrosne skogbotnen
og det tjuande hundreåret.

VI

Muddy sky. Murderer sky.
Narrow horizon, yellow tinge.
A golden stillness in dense brocade
floor-length, ceremonial
and without mercy.
A sealed room where someone draws up
the war's ground plan, carves up the world
with distant precision.
Empty echo-corridors, splendor and hunger,
counterfeiters, the wax cabinet of hate
green with age, alive.
A century, far away
a cloud of spores, sleeping seeds
the wind disperses.

Or a Polish birch forest
where rows of dirty-white trunks stand
in expressionless light, in thin veils of mist
like smoke, cast shadows inward
across the frost-covered forest floor
and the twentieth century.

VII

Avskorne restar. Koagulerte minne.
Snømørker over megalittar og utskytingsramper,
forvrengde meldingar, kodifisert kaos.
Nedfall. Utstrekt lyd gjennom trommehinner,
fire nåler. Hastig tildekka spor, famlande
tankar, morfinfarga himmel. Døde barn
bortgløymde i faldane av dagen,
i kjellarmurar, nedgravne i søkk
under forstanden.
Det som er skrive er skrive
for å viskast ut.

VII

Severed remnants. Coagulated memory.
Snow-darkness over megaliths and launching ramps,
corrupted messages, encrypted chaos.
Fallout. Extended sound through the eardrums,
four needles. Hastily covered tracks, groping
thoughts, morphine-colored sky. Dead children
lost in the seams of the day
in cellar walls, buried in pits
beneath understanding.
What is written is written
to be erased.

VIII

Dei enklaste spørsmål fortaper seg i labyrintar
av ufullstendige svar, brote samband
Ein kabal med blanke kort
Ei framtid stipulert i eit målesystem
du ikkje kjenner

Nokon har gløymt å stenge av
gløymt å late att
dører opningar kanalar
skyteskår vatnpostar vindebruer
og det kjem, drope for drope
sig utover, stig tomme for tomme
til det når deg

Her ytrar makta seg i einstavingsord
med ukjend aksent, som piskesnertar
Eit tonefall frå den av din barndoms draumar
som aldri ville halde opp

Ut av toreskya ei røyst som ikkje er Herren
ei røyst som avkrev deg namn og nummer
befaler deg gå til oppstillingsplassen
og vente

VIII

The simplest question gets lost in labyrinths
of incomplete answers, broken connections
A game of solitaire with blank cards
A future stipulated in a system of measurement
you do not know

Someone's forgotten to turn something off
forgotten to shut
doors openings canals
embrasures water-pumps drawbridges
and it comes, drop by drop
seeps outward, rises inch by inch
until it reaches you

Here power expresses itself in monosyllables
in an unknown accent, like whip-flicks
An intonation from that childhood dream of yours
that would never stop

Out of the thunderclouds a voice that is not the Lord
a voice that demands your name and number
orders you to go to the parade grounds
and wait

IX

Rovdyrlukt i slaktemånaden. Verden spiller
sitt blod ut over hendene våre, kjøtet skjelv.
Ingen får leve urørd av dette, ingen avlat
blir gitt, ingen frikjende. Berre denne
utsettinga. Vi ventar i skuggen, jegeren
usynleg, lett bytte.

IX

Smell of predator in the month of slaughter. The world spills
its blood over our hands, the flesh trembles.
No one can live untouched by this, no pardons
are granted, no one is acquitted. Only this
postponement. We wait in the shadow, the hunter
invisible; easy prey.

X

(Maria Magdalena ved spegelen)

Freistar gjere seg fri
frå denne morgonens fostersekk
famlande, for å gi seg over
til støvet

Ein omn, brølande full av minne
Ei esse der tida blir glødande
seigtflytande materie
før slaga fell

Vanitas. Dei tomme augneholene
skallens sprø takkuppel, luft.
Desse gamle bein og denne lamme
innsikt, visnande til sist, vanitas.

X

(The Penitent Magdalen – at the mirror)

Tries to free herself
grope clear of the morning's
amniotic sac, so she can surrender
to the dust

An oven, roaring-full of memories
A forge where time grows red hot
viscous matter
before the blows fall

Vanitas. The empty eye sockets
the skull's brittle cupola, air.
These ancient bones and this paralyzed
insight, withering at last, vanitas.

XI

Natt etter natt
Draum etter draum
Trinn utan lyd, leigemordarar
nedover trappene, dei ventar
utan pust bak dører i tapetet
bak den naive lykka

Gløymsla som mikroorganismar
i arbeid under den vakkert
fernisserte overflata

Som ein knekt veng
inn i den glødande natta
der alt skal gå til grunne
igjen

Som det blinda
som meiningsløysa
som hatet
køyrer kniven inn i buken
og flerrar deg open

XI

Night after night
Dream after dream
Steps without sound, hired killers
descending the stairs, they wait
without breathing behind doors in the wallpaper
under innocent happiness

Oblivion like microbes
at work under the beautifully
varnished surface

Like a broken wing
into the glowing night
where everything must perish
again

Like the unseeing
like the meaningless
like hatred
the knife thrusts into your belly
and slashes you open

XII

Lange forløp av mørker

når noko kjem sakte glidande inn
over grunnane, legg seg til rette
legg døden ut over sandbotnen, naken
myriader av egg, av yngel
dekker over, trekker seg attende

Eit lågt grått skrik av kulde
den ytterste frostens formel
ei skurring av knust
is under pusten

Den avsondra makta, bak murar
av svik og skotsikkert glas
forteiing og smilande andlet

Kanyle, nål, spiss:
nokon som injiserer hat
i dei uferdige kroppane der dei kryp
i søle og mudder, legg an og ventar
med augo stille som rav
og drapet grodd fast til handflatene

XII

Long spells of darkness

when something comes gliding in slowly
across the shallows, settles in
spreads death naked over the sandy bottom
myriads of eggs, of spawn
covers up, withdraws again

A low gray cry of cold
the incantation of extreme frost
a grating of crushed
ice beneath the breath

Secluded power, behind walls
of betrayal and bulletproof glass
no comment and smiling faces

Cannula, syringe, needle:
someone who injects hatred
into the undeveloped bodies as they crawl
in slime and mud, lies in wait
with eyes as still as amber
and murder embedded in his palms

XIII

(Job / Fangen)

Stig inn i dette fengsel: mørker
menneske

kvar han snur seg desse fire veggar
stein mørtel stein stein
blokkar, kalk, tommetykke skiver
av angst

ventar på oppfyllinga
av eit einaste gyldig paradoks

og den andre, din neste, alltid
fem famnar borte

samankropne skapnader
med andletet mot marka
og tunge augnelokk

på den andre sida
ventar det han ikkje
kjenner: eit tommare rom
og andre rop

etter ein duld gud
eit omriss svakt glødande i steinen

XIII

(Job / The Prisoner)

Step into this prison: darkness
flesh

whichever way he turns the four walls
stone mortar stone stone
blocks, plaster, inch-thick slabs
of dread

wait for the fulfillment
of a single valid paradox

and the other, your neighbor, always
five spans away

huddled creatures
with faces down
and heavy eyelids

on the other side
what he does not know
is waiting: an emptier space
and other cries

for a hidden god
an outline glowing faintly in the stone

XIV

Uvêrshimmel, gule skyrifter
Gråsteinsryggar som bryt seg fram i dagen
Tomme vegar
Forpinte hus

Bak dører eit innekapsla helvete
eller ei utfalda redsle
midt i rommet, i mannshøgde
på armlengdes avstand

Den finkorna forakten
kvardagens mørtel
et seg inn gjennom alle sprekkar
tettar igjen porene i huda

Ein prosesjon av sneglar
over det døde lauvet over oktobermarker
På veg under jorda

Gjennom eit landskap før snø

XIV

Threatening sky, yellow rifts
Granite ridges that break through
Empty roads
Tormented houses

Behind doors an encapsulated hell
or a fear unfurled
in the middle of the room, tall as a man
an arm's length away

Fine-grained contempt
our daily mortar
eats its way in through every crack
clogs the pores

A procession of snails
over dead leaves, over October fields
On their way underground

Through a landscape before snow

XV

Hangarar. Restar av ein museal krig.
Bunkers, balsamert historie, katakomber.
Flaggermustankar skjenar gjennom natta
og blir borte. Ingen spor
ingen signalement. Berre denne
susinga av blodig instinkt
denne hjelpelause ventinga
her nede: blinde
som held hendene for augo
i mørkret.

XV

Hangars. Remains of an antique war.
Bunkers, embalmed history, catacombs.
Thoughts like bats, veering through the night
and vanishing. No trace
no description. Only this
rushing of bloody instinct
this helpless waiting
down here: blind figures
holding their hands over their eyes
in the dark.

XVI

Nokon har gått og lukka etter seg
vindaugo, dører, skodder
og lufta der inne legg seg sakte
til ro, botnfell, krystalliserer seg
rundt ei handfull minne
stilna røyster, ukjennelege.

Nokon har slutta å betale ned
ei skuld som aldri lar seg talfeste
ei skuld det ikkje er rom til
i kolonnene, dei altfor små arka.

Nokon mønstrar sin eigen kropp
spegelvend til fråver.
Byr fram det einaste som er att:
eit brennoffer av tynnslitte ord
og fuktig halm.

XVI

Someone has left and locked up
windows, doors, shutters
and the air inside slowly settles
down, sinks, crystallizes
around a handful of memories
voices fallen silent, unrecognizable.

Someone has stopped paying off
a debt that can never be quantified
a debt there's no room for
in the columns, the too-small ledgers.

Someone is inspecting his own body
reversed into absence.
Holding out the only thing that's left:
a burnt offering of frayed words
and damp straw.

XVII

Det er langt mellom oss. Vi held avstanden, glir unna,
det er best slik. Vi har våre eigne vegar, vil ikkje sjå,
bli sedde. Det hender at nokon skrik i mørkret, halvt ulv,
halvt ukjend fugl. Eitt kort skrik, ikkje meir. Stundom
glimt av ein bøygd skapnad under ribba tre, kan hende
uformeleg avtrykk etter ein fot i det feite mudderet
rundt fyllplassane. Stundom ein heit pust i kompakt natt,
streif av arm eller hand, eit rykk av nokon som lar seg
søkke attende i mørkret vi alle kjem frå. Mørkret omfamnar
oss, tar oss, trenger inn i oss. Blir der til morgonen kjem.
I grålysinga kan det kome flytande restar av fjerne røyster
med eit gløymt språk, brotne bilete av andlet, musikk,
sorg, opne sletter, byar, lausrevne delar, blendande lys.
Alt er lenge sidan. Smuldra minne utan meining. Lenge sidan
vi samlast utanfor den jernslåtte byporten, plukka opp
utslengde restar av føde, trevlar, dyrisk avfall; snudde oss
bort i skam og fylte munnen, lukka augo, svelgde. Seinare
mumla vi lågt til kvarandre, til våre spedalske sjeler.

XVII

Far apart. We keep our distance, slide past,
it's best that way. We have our own paths, don't want to see,
be seen. Now and then someone screams in the darkness,
    half wolf
half unknown bird. One short cry, nothing more.
    Sometimes
a glimpse of a stooped form under stripped trees, or maybe
a shapeless impression left by a foot in the greasy mud
around the garbage dumps. Sometimes a hot breath in
    compact night,
touch of arm or hand, the twitch of someone letting himself
sink back into the darkness we all come from. The darkness
    enfolds us
takes us, permeates us. Remains there until morning.
The gray dawn can bring floating remnants of distant voices
in a forgotten language, broken images of faces, music,
sorrow, open plains, cities, torn-off bits, dazzling lights.
Everything long ago. Crumbled memories without
    meaning. A long time
since we gathered outside the iron-hinged gate to the city,
    picked up
cast-off scraps of food, of flesh, animal garbage; turned away
ashamed and filled our mouths, shut our eyes, swallowed. Later
we murmured quietly to one another, to our leprous souls.

XVIII

Sein dag, skittent lys
inn gjennom grimete ruter
høgt oppe på ein vegg
ein eller annan vegg
i eit eller anna rom
i eit eller anna hundreår
I halmen på golvet hunden
gammal mager tispe
med oppsvulma buk
ligg på den stinkande lega
og føder, rykkingar og kramper
medan lyset forlet henne
skrånar lenger oppover veggen
Føder vått liv ned i halmen
føder og føder bortanfor all
meining, forstand
inn i natta som kjem inn
gjennom ruter, nedover veggar
når krampene stilnar
i alle kroppar

XVIII

Late day, dirty light
through grimy panes
high up in a wall
some wall or other
in some room or other
in some century or other
In the straw on the floor the dog
ancient scrawny bitch
with a swollen belly
lies on the stinking dog pallet
and gives birth, contractions and cramps
as the light abandons her
slants farther up the wall
Drops wet life into the straw
drops and drops beyond all
meaning, all comprehension
into the night that enters
through the panes, sinks along the walls
as the cramps subside
in all bodies

XIX

Brannrestar. Svidd dag. Ein ørken
stor som kroppen. Skifer-
sjel. Språket myldrar fram
før det vender seg
og teier

Det finst eit hemmeleg rom
mellom dagane, ei sjakt
ned mellom glatte veggar
eit sug mot botnen
Det finst ei kodemelding
skriven på innsida av augnelokka

Underlege maskinar om natta
meiningslause drivverk
og hjul, historien
står med halvopne dører av tungt metall
Ein tom fabrikkhall, eit ekkorom
ein låg slepande lyd
når restar og avfall blir fordelt
i syrebad, i slamkammer

Kom ikkje med denne kalken
denne oppslemma drikken, den bitre
kornete veska: smaken
av det som kan kome

XIX

Burnt hulks. Scorched days. A desert
large as the body. Spirit
of shale. Language wells out
before it turns
and falls silent

There's a secret space
between the days, a shaft
sunk between slick walls
a pull toward the bottom
There's a coded message
written under the eyelids

Strange machinery at night
senseless drive trains
and wheels, history
with its half-open doors of dense metal
An empty factory, an echo chamber
a low dragging sound
as scrap and garbage are consigned
to acid bath, to sludge barge

Don't bring this pewter
cup of slurry, this bitter
chalky drink: the taste of
what could be coming

Vi går ikkje for nær
Vi held ein avstand vi trur
gjer oss uskyldige
Vi har perfeksjonert
grensedraginga sin kjølige mekanikk
Dessutan er det altfor seint
eller altfor tidleg
Vi treng ingenting lenger

Alt er strålande byggverk
av sand av oske
Ein tilbakekalla profeti
Utopiens katastrofer
Gamle barn med augo til barbarar

We don't get too close
We keep a distance we think
makes us innocent
We've perfected
the cool mechanics of restraints
Besides, it's much too late
or much too early
By now we need nothing

Everywhere, brilliant structures
of sand, of ash
A prophecy rescinded
Utopia's disasters
Aging children with barbarians' eyes

XX

Hit er vi komne, kvar for oss
for å la oss innfange
av den draumelause svevnens krystallnatt
Vi som ein gong bytte hud
med lyset, søker mørkret
søker stilla når alt er overstått

Dei misbrukte åra, dei skjenda åra
flyt som ein tung musikk, og sorga
ein oktav for høg for det indre øyra

Vi sit i kvart vårt venterom
harde trebenkar, nedstøva billettluke
innrøykte veggar, gjennomslitt linoleum
fillete oppslåg frå ein fjern krig
tabellar til tog som ikkje lenger går
kanskje aldri har gått, vi sit her
to venterom med ein endelaus korridor mellom

XX

Here we are, arrived one by one
to give ourselves up
to the crystal-night of dreamless sleep
We who once exchanged our skin
for light
seek out darkness
seek stillness now that everything has passed

Abused years, the mangled years
flow like heavy music, and sorrow runs
an octave too high for the inner ear

We sit in each our waiting room
hard wooden benches, dusty ticket window
smoke-grimed walls, worn linoleum
tattered placards from a distant war
schedules for trains that no longer run
maybe never ran, we sit here
two waiting rooms with an endless hallway between

XXI

Fanga inn av enda ei natt
møter vi oss sjølve att
når tida snur
med utviska andlet

Som dyrehuder, utspende
over treverk, til tørk
til garving

Vi lar oss bøye
inn mot natta, ei einaste
glidande rørsle
inn i det skarpe snittet
mellom dagane

Det tomme rommet over frosen jord
Eit eksil under seks fot fråver

Hundevakt, snart grålys, blystilt

XXI

Caught by yet another night
when time turns
we meet ourselves again
with faces erased

Like animal hides, stretched
over wood frames for drying
for tanning

We let ourselves be bent
against the night, a single
gliding movement
into the sharp incision
between the days

The empty space above frozen earth
An exile under six feet of absence

Midwatch, soon gray light, still as lead

XXII

Kroppen, eit svelg eit juv
skrik etter å gå i oppfylling

Ventar på å bli sveipt i storm
ombunden av det veldige

Ventar på lynet, sekundets utlading
energiens knyttneve

Vend mot ørkenen som kryp utover
med uttørka andlet

Ein tørste som Atlanterhavet
fire kilometer over Titanic

XXII

The body, a gullet a canyon
that screams for fulfillment

Waits to be swathed in storm
bound up by the infinite

Waits for lightning, the second's discharge
energy's fist

Turns toward desert creeping outward
with its parched face

A thirst like the Atlantic Ocean
four kilometers above the Titanic

XXIII

Ein sein kveld står han
med dagens samanrasa byggverk
i hendene
Utspend mot horisonten
halden fast av det usikre mellomrommet
mellom noko og ingenting
tvinga inn under
himmelens skrustikke

Mørkret tømmer seg inn i han
fyller han som eit kjer
spreier seg over det grove
uhøvla trebordet der snøen fell
ustanseleg, sibirsk, utstrekt
i kvite skavlar opp mot
den framrykkande natta

Midt i desember, før tida snur
For seint for tillit
For tidleg for anger

XXIII

One late evening he stands there
with the collapsed framework of the day
in his hands
Straining toward the horizon
held fast by the uncertain interval
between something and nothing
forced in under
the sky's vise

Darkness empties itself into him
fills him like a tub
spreads out over the rough-hewn
wooden table where the snow is falling
unceasingly, siberian, stretching
in white drifts up toward
the advancing night

Mid-December, before time turns
Too late for trust
Too early for regret

XXIV

Vindens skjelett ein augneblink
avteikna i lufta, utfalda
i vinden

når du kjem mot meg
og ber deg sjølv
i hendene

Du står i det opplyste
og veit at du må bygge
eit hus til dine skuggar

eit rom for liv
den siste gøymestaden: ein nisje
i vinden, mellom vinden
og verden

XXIV

For a moment the wind's skeleton
traced in the air, splayed out
in the wind

as you come toward me
carrying yourself
in your hands

You stand where light is cast
and know you must build
a house for your shadows

a room for life
the last hiding place: a niche
in the wind, between the wind
and the world

XXV

Toremørker, rivna skyer, gyllent sprengde
Under denne himmelen går ein radmager
kjærleik omkring, naken
Han bøyer kne i skuggesona
og høyrer brølet av Guds fråver
i øyra

Verden er forsegla, ei meining
i lukka omslag
Og likevel er det her, over alt:
eit gjennomskinleg nettverk
av det ufattelege

Heimlaus son
Faderlaust fedreland
Ennå gjennombora av håp:
Hungeren etter den endelege
augneblinken
Skimrande fotspor
på den attgrodde vegen
til Jerusalem

XXV

Thunder-gloom, shredded clouds, shattered gold
Beneath this sky an emaciated love
walking around, naked
He kneels in the shadow zone
and hears the roar of God's absence
in his ears

The world is under seal, a meaning
inside a closed cover
And nonetheless it is here, everywhere:
a transparent network
of the incomprehensible

Homeless son
Fatherless fatherland
Yet shot through with hope:
Hunger for the final
moment
Glinting footprints
on the overgrown road
to Jerusalem

XXVI

(Engelen viser seg for Josef)

Eit sus som av fuglar
av venger oppspende mot stormen
eller slepande mot marka
Eit grep inn i natta
Ein hard neve
som klemmer saman mørk materie

Stigmata, svoltne munnar
i handflatene
Augo som har sett for mykje
og likevel tørstar

Og engelen trør inn, ordlaust
midt mellom sovande og vakne
synleg i det usynlege
Engelen
Engelens søstrer og brør

Den aldri avslutta skapinga
vibrerande gjennom rommet
gjennom alt

Frå ingen stad
kjem det forklåra lyset
som fløymer ut
av handa som held lyset

XXVI

(The Angel Appears to Joseph)

A rush as of birds
their wings stiffened against a storm
or dragging on the ground
A deep reaching into the night
A hard hand
that squeezes dark matter

Stigmata, hungry mouths
in the palms
Eyes that have seen too much
yet still thirst

And the angel steps in, wordless
halfway between the sleepers and the waking
visible in the invisible
The angel
The angel's sisters and brothers

The forever unfinished creation
vibrating through the room
through everything

From nowhere
the purified light comes
flooding outward
from the hand holding the light

XXVII

(Josef, tømmermannen)

Så kjem den, til sist
rislande ned over hovud
hals   hender
umerkeleg veksande straum
av nåde, ufortent
for den tørste som aldri
kan sløkkast

Vaskar bort den silande oska
frå nedbrende dagar
som rann mellom fingrane

Ei flodbølgje gjennom brakkvatn
forlist meining, rekved

Kom møt den, du som kan
Kom la deg fylle
før verden igjen blir til stein
før du kverv inn
og under

XXVII

(Joseph the Carpenter)

Then it comes, at last
rippling down over
head   throat   hands
an imperceptibly growing stream
of mercy, unearned,
for the thirst that can never
be slaked

Washes away the ash
of scorched days
sifting through his fingers

A tidal wave through brackish water
shipwrecked meaning, driftwood

Come and meet it, you who can
Come and be filled
before the world reverts to stone
before you are pulled in
pulled under

XXVIII

Skuggen din har vore hos meg
lenge, lik ei søster
som aldri vart fødd

Du som vart tatt ut av tida
lagt ned, felt inn
i det andre

Det skimrande håret ditt
Ei linje av hemmeleg glede
langs nakken, ein famn
av kjærleik som aldri
nådde fram

Tatt ut av tida i ei anna tid
og enda kjenner eg skuggen din
kjenner deg
som den vesle angen av ryllik
frå bronsealdergrava
ein ange som dagen
i dag, høgsommar, ryllik
balsamerte timar
tre tusen år eldre

XXVIII

Your shadow has been with me
for a long time, like a sister
who was never born

You who were removed from time
laid down, fit into
the other

Your gleaming hair
A line of secret joy
along your neck, a gift
of love never exchanged

Removed from time in another time
yet I still know your shadow
know you
like the slight fragrance of yarrow
from the Bronze Age grave
a fragrance like the day
today: midsummer, yarrow
embalmed hours
three thousand years older

XXIX

Svevnen flagnar av, dagen
slepar seg over deg
med lange skuggar
Eit nærver av rusta jern
og barnehud

All den mumlande tvil
alle ordlause atterhald
over under
dine ja ja nei nei

Hausten forseglar deg
Ingen ord, ingen tørste
berre dette: ennå ein gong
få vakne til det som er
det som skal vere

Slik og berre slik:
dagen kort,
glør av saknad

XXIX

Sleep peels off, the day
pulls itself across you
with long shadows
A presence of rusted iron
and children's skin

All the muttering doubt
all wordless reservations
above below
your yes yes no no

Autumn seals you
No words, no thirst
only this: waking once more
to what is
what will be

This way and only this:
the day brief,
embers of loss

XXX

Skuggar som fell skrått inn
over bladverk, nerver.
Mumling av nedblåsne minne
som driv i vinden
under stega våre.
Dagen er linda inn i tagnad
opnar seg ikkje lenger
vender seg bort.

Vi har forstått
at vi alltid fell
og skal halde fram med å falle
gjennom årstider.

Du er aldri langt borte. Aldri
så nær at eg kan nå deg.
Ein vinter lang
stavar eg meg fram gjennom deg
gjennom namnet ditt.

XXX

Shadows that slant in
over foliage, nerves.
Murmuring of memories blown down
swirling beneath our steps
in the wind.
The day is swathed in silence
won't open further
turns away.

We have understood
that we always fall
and will keep on falling
through all seasons.

You are never far off. Never
so close that I can reach you.
For a whole winter
I spell my way
through you
through your name.

XXXI

Attgrodde haustdagar.
Den okergule stilla
i uslått gras, i armar.
Ein talisman av fråver.

Landskapet breier seg ut
framfor føtene, stumt, inkje-anande
bortanfor vårt.

Vindfall, rotfelte skuggar.
Små varsel. Teikn, som sol-
formørkinga får fuglesongen
til å tagne, rørd av ein pust
med rima kantar.

Det er på veg.
Eit regiment av drøymarar.
Ein uendeleg karavane av netter.
Eit brev, utan avsendar
utan mottakar. Bli
hos meg.

XXXI

Overgrown autumn days.
The ochre-yellow silence
of uncut grass, of arms.
A talisman of absence.

The landscape spreads out mute
before our feet, unwittingly
beyond what's ours.

Wind-felled trees, uprooted shadows.
Small warnings. Signs, the way
birdsong thins in a solar
eclipse, touched by a breath
rimmed with frost.

It's under way.
A regiment of dreamers.
An endless caravan of nights.
A letter – which no one sends,
no one receives. Stay
here with me.

XXXII

Så veit han at han ein gong til
skal få avsette nokre prøvande
teikn av lykke

Dagen gløder deg. Du brenn
av liv, konsentrert og usynleg
inne i kroppens kontinent

Eg kjem deg i møte, byr deg inn
eg ser andletet ditt
gir meg over i deg
lar meg oppfylle

Kom skin over meg, håret ditt
fell mot hendene mine
forgjengelege vidunder

XXXII

And he knows that once again
he will manage to leave some hesitant
marks of happiness

The day ignites you. You burn
with life, dense and invisible
inside the continent of your body

I come to meet you, invite you in
I see your face
deliver myself to you
let myself be filled

Come and shine upon me, your hair
falls over my hands
fleeting miracle

XXXIII

Skylle av seg sorga, støvet
hornhud, restar av vinter
la det renne bort

Vere førebudd
når jorda løfter seg
under seg, som ein einaste
svart veng

Vite at det kanskje ennå finst
at det ennå er mogeleg
å drikke inn varmen
av det mogelege
det ennå ikkje fødde
med open munn

Hendene trivlar på mørkrets overside
kjenner det igjen: dei usynlege gropene
slitemerka, dei innrissa namna
frostrivnene, regnets vegar
og dine

Det er ikkje sjølvsagt
at vi er synlege
Det er ikkje alltid
eg finn andletet ditt

XXXIII

To rinse off the sorrow, the dust
hardened skin, remains of winter
let it run off you

To be there
when the earth rises
beneath you, like a single
black wing

To know that perhaps it still exists
that it is still possible
to drink ín the warmth
of the possible
with an open mouth
the as yet unborn

Your hands grope along
the upper surface of darkness
recognize it: the invisible hollows
wear-marks, carved names
frost fissures, the rain's pathways
and yours

It is not obvious
that we can be seen
It doesn't always happen
that I find your face

Slik har eg freista
kvar einaste dag
med ustø hand
å elske deg fram frå mørkret

This is how I have tried
with an unsteady hand
one day at a time
to love you out from the darkness

XXXIV

Renn over meg som regn. Eg løfter
andletet mot deg, flytande deg
over attletne augo, over kinn
over hals, i ein vårmorgon
ingen har krav på. Vått slør
driv ned mot meg, lar meg vekse
fuktig og nyfødd. Det grøne stig opp
gjennom kroppen. Eg opnar munnen
og lar det skje over meg
som regn.

XXXIV

Flow over me like rain. I lift
my face toward you, fluid you
running over closed eyes, over cheeks
over throat, on a spring morning
no one has a right to. Wet veil
floats down to me, lets me grow
moist and newborn. Green rising
through my body. I open my mouth
and let it come over me
like rain.

Etterord

To gonger har eg møtt Georges de La Tour. Første gongen var i ein liten bokhandel i Kristiansand, det var opphørssalg, året var 1979. Eg gjekk omkring og rota i stativ og kassar, og drog ut eit smalt bind med reproduksjonar av ein fransk målar eg knapt hadde høyrt om. Då var han der. Lyset hans slo opp frå sidene og det ikkje altfor gode trykket, det trefte meg, utan førebuing. La Tour var i rommet. Den grå havskodda utanfor måtte vike. Eg kjøpte ikkje fleire bøker den dagen.

Andre gongen eg møtte han var i Paris, midt på Pont Neuf, der eg hadde min daglege gange heile våren 1986. Han kom stilt, var ei stund ved sida mi, så vart han borte. Kanskje var det han, kanskje ikkje. Men det kjendest som han: eit stilt vedvarande nærver, utan ord, utan å overvelde, gjennomstrøymt av ein tidleg vårmorgon med skrått lys.

Eg har alltid kjent Georges de La Tour.

Den aprilmorgonen på Pont Neuf såg eg heilt tydeleg for meg omslaget på ei bok som bar tittelen *Meditasjonar over Georges de La Tour.* Det skulle gå tre år og eg veit ikkje kor mange omarbeidingar før den boka vart endeleg fest til papiret. Tekstane starta som ekfrasar, som bilet-beskrivelse i klassisk forstand. Det gjekk fort opp for meg at eg korkje ville eller kunne omsetje La Tours målarstykke. Språket stritta mot. Sakte let dei beskrivande tekstane noko anna sleppe gjennom. Det viste seg at der låg heilt andre tekstar under. Ekfrasane er borte, men framleis finst bandet til La Tour, like sterkt som før, kanskje sterkare. Dette er meditasjonar over verket hans, den lada stilla, sorga og jubelen i ekteskapet mellom lys og mørker.

I nokre få tilfelle eksisterer det framleis ikkje berre tematiske, men også motivmessige band til bestemte

Afterword

Twice in my life I have met Georges de La Tour. The first time was at a sale in a small book store in Kristiansand that was going out of business. The year was 1979. I was browsing my way through racks and bins, and pulled out a thin volume of reproductions: works by a French painter I had barely heard of. And then he was there. His light rushed up from the pages, from the indifferent printing; it struck me, caught me unprepared. La Tour was in the room. The gray sea-mist outside had to give way. I bought no other books that day.

The second time I met him was in Paris, halfway across Pont Neuf, which I crossed daily all through the spring of 1986. He arrived silently, remained beside me for a while, and then was gone. Perhaps it was he, perhaps not. But it felt like him: a quiet air that persisted, without words, without being overwhelming, suffused by the slanting light of an early spring morning.

I have always known Georges de La Tour.

That April morning on Pont Neuf I could see clearly the cover of a book that bore the title *Meditations on Georges de La Tour.* It would take three years and I don't know how many revisions before this book finally existed on paper. The texts started as ekphrases, as descriptions of pictures in the classic sense. I soon realized that I had neither the wish nor the ability to "translate" La Tour's paintings. Language resisted. Gradually the descriptive texts permitted something else to slip through. It turned out that completely different texts lay underneath. The ekphrases are gone, but the link to La Tour is still there, as strong as before, perhaps stronger. These are meditations on his work, on the charged stillness, sorrow and celebration in the marriage of light and dark.

La Tour-verk. I slike tilfelle har eg nytta dei titlane bileta er kjende under, som mine eigne undertitlar.

Paal-Helge Haugen

In a few cases there remain links not only to the themes but to the motifs of particular works by La Tour. In such cases I have used the titles by which the paintings are known as my own subtitles.

Paal-Helge Haugen

Georges de La Tour

Georges de La Tour, fransk målar som førde vidare arven frå Caravaggio på ein måte som gir han ein heilt spesiell plass i europeisk kunsthistorie. Ved sin død var han ein respektert målar, til og med "Peintre Ordinaire du Roy" – seinare fall verka hans i total gløymsle fram til byrjinga av vårt hundreår. Eit storslått kunsthistorisk detektivarbeid og ei aukande forståing for La Tours originalitet fekk ein førebels kulminasjon ved den store utstillinga i Orangeriet i Paris, 1972. I dag reknar ein mellom 40 og 50 verk som originale frå La Tours hand, og det finst ei lang rekke kopiar som truleg viser til tapte verk og motiv-variantar.

Framfor alt er La Tour det løyndomsfulle lysets målar. Hos han møtest natta og mørkret med det flakkande og likevel så gjennomtrengande lyset frå ein einsleg fakkel, eller eit talglys som får andleta til å gløde med ein forklåra menneskeleg intensitet. Det er eit tvetydig lys: samtidig som det er realistisk utført, er det ikkje heilt av denne verden. Også når La Tour nyttar konvensjonelle og formel-prega motiv, ofte av bibelsk opphav, gir han skikkelsane eit jordisk og tidbunde nærver. I La Tours nattstykke, i hans kjellarlys, blir ein religiøs emblematisk biletverden forvandla til uttrykk for det konkret menneskelege og det forgjengelege, i kryssingspunktet mellom smerten og ekstasen. Lyset hans er både nådelaust og nådefylt, og midt i den nitide realismen lever det gåtefulle, tvers gjennom hundreåra.

Paal-Helge Haugen

Georges de La Tour

Georges de La Tour (1593-1652): painter from the Duchy of Lorraine (later part of France) who built upon the legacy of Caravaggio in a way that gives him an entirely special place in the history of European art. At his death he was a respected painter, even "Peintre Ordinaire du Roy." Later his work fell into complete oblivion and remained there until the beginning of the 20th century. Impressive art-historical detective work and a growing appreciation of La Tour's originality yielded their first significant fruit in the form of the large exhibit held at the Orangery in Paris in 1972. Today it is thought that between forty and fifty works are originals from La Tour's hand; there is also a large number of copies that probably derive from lost works or are variations on La Tour's motifs.

La Tour is above all the painter of mysterious light. In him night and darkness are met by the flickering yet penetrating light from a single torch, or from a candle that makes faces glow with a radiant human intensity. It is an ambiguous light: at the same time as it is realistically rendered, it is not entirely of this world. Yet when La Tour uses conventional and formulaic motifs, often drawn from the Bible, he gives his figures an earthly and time-bound presence. In La Tour's night paintings, in his cellar light, emblematic religious images are transformed into expressions of the concretely human and the transitory – at the intersection of pain and ecstasy. His light is both merciless and merciful, and in the midst of his meticulous realism, mystery continues to endure, through the centuries.

Paal-Helge Haugen

PAAL-HELGE HAUGEN was born in 1945 in the Valley of Setesdal in Southern Norway; he now lives in Nodeland, near the south coast. Since 1967 he has published sixteen volumes of poetry, including two volumes of selected poems and one of collected poems. His poetry has earned him five of the most prestigious awards in Norway – the Brage Prize, the Gyldendal Prize, the Nynorsk Literature Prize, the Norwegian Critics' Prize, and the Aschehoug Prize – as well as the Dobloug Prize, awarded by the Swedish Academy. His work has been translated into some twenty languages. *Stone Fences*, translated by William Mishler and Roger Greenwald, and *Wintering with the Light*, translated by Greenwald, are Haugen's two earlier books in English; entire books or volumes of selected poems have also appeared in Swedish, Danish, German, Icelandic, French, and Czech. Haugen has published four volumes of translations into Norwegian, several children's books, and an award-winning novel, *Anne*, which has been translated into several languages. He has also worked with visual artists on various projects and has collaborated with composers by writing six opera libretti.

ROGER GREENWALD grew up in New York, where he attended The City College of New York and the St. Marks in the Bouwerie Poetry Project workshop. His first book of poems, *Connecting Flight,* was published in 1993 (Toronto: Williams-Wallace). He has received several major awards for his poetry, including the CBC Radio/*Saturday Night* Literary Award (1994). His translations from Norwegian, Swedish and Danish have earned prizes in the U.S. and Canada.

Colophon

Manufactured as the First English Edition of
Meditations on Georges de La Tour
by BookThug in the Spring of 2013.

Distributed in Canada by the Literary Press Group:
www.lpg.ca.

Distributed in the United States by Small Press Distribution:
www.spdbooks.org.

Shop on line at www.bookthug.ca

BOOK
PRODUCTION
WAR ECONOMY
STANDARD

Type + design by Jay MillAr